Elisabeth Jacquet

Wir zwei

ELISABETH JACQUET

# Wir zwei

## Eine Reflexion über das Leben als Paar

Aus dem Französischen
von Corinna Popp

PIPER

*Mehr über unsere Autoren und Bücher:*
*www.piper.de*

MIX
Papier aus verantwortungsvollen Quellen
FSC® C014496

ISBN 978-3-492-05892-6

Die Originalausgabe erschien in Frankreich unter dem Titel
»Mon mari et moi«.
Published by arrangement with Agence litteraire Astier-Pécher

Umschlaggestaltung: Cornelia Niere, München
Umschlagabbildung: akg-images/Paul Almasy
Satz: Kösel Media GmbH, Krugzell
Gesetzt aus der Whitman
Litho: Lorenz & Zeller, Inning am Ammersee
Druck und Bindung: GGP Media GmbH, Pößneck
Printed in Germany

*Im Schatten der Blumen*
*Ist selbst ein vollkommen Fremder*
*Kein Fremder mehr*

Haiku von Kobayashi Issa

Eines Tages wurde aus einem Mann mein Mann.

Nichts Besonderes, denkt man, kein Grund, ein großes Bohei darum zu machen.

Aber es ist schon komisch.

Ich habe angefangen, so zu reden: mein Mann. Mein Mann hier, mein Mann da, mein Mann und ich.

Er hat sich nicht verändert, seit er mein Mann geworden ist. Oder vielleicht doch, aus seiner Sicht, und ich weiß nichts davon?

Nein, es ist meine Sache.

Wo immer ich bin, ist plötzlich auch mein abwesender Mann.

Außerdem ist der Raum um uns herum zu einem Mischraum geworden.

Das Bett, das Sofa, die Schränke
die Sessel, Tische, Bücher
Seife, Kamm und Zahnpasta

Das ganze alltägliche und dekorative Zeug, angefangen bei den großen Dingen bis hin zu den ganz kleinen, alles war plötzlich nicht mehr meins oder seins, sondern unseres.

(Unsere Körper und Fingerabdrücke an allem dran und drum herum.)

Über die Jahre ist der Raum nicht immer gleichgeblieben, die Dinge wurden bisweilen ausgetauscht, behielten aber, mit Ausnahme einiger sehr spezieller Gegenstände, ihren Kollektivcharakter, diese wundersame Mischordnung.

Wenn wir alles auseinanderklamüsern müssten, bliebe uns nichts anderes übrig, als uns etwas auszudenken, wir müssten uns einen Haufen Einzelheiten in Erinnerung rufen oder nach versteckten Hinweisen suchen. Wozu wäre das gut? Wäre es dann nicht einfacher, alles wegzugeben?

Wenn wir *den Raum auf null zurücksetzen* müssten, wüssten wir nicht mehr, wohin mit uns und wie wir uns fertig machen sollten, um fortzugehen.

Durch die Verteilung der Dinge im Raum und ihre Verwendung sind gewisse Tropismen entstanden:

Unsere Schlüssel werden in den großen Aschenbecher auf dem Bücherschrank neben der Wohnungstür gelegt.

Einer macht den Fernseher an, der andere setzt sich dazu und schaut mit.

Einer putzt sich plötzlich die Zähne, der andere kommt und tut es ihm gleich.

(Dieses Buch auf dem kleinen Tisch im Wohnzimmer lesen wir beide, im Wechsel.)

Einer steht auf, um zu frühstücken, und der andere kommt, außer in seltenen Fällen, kurz darauf hinterher.

Unterhalten wir uns in der Küche und das Küchenradio mutiert zur bloßen Geräuschquelle, schaltet es einer ab, ohne dass der andere etwas dagegen einzuwenden hätte.

(Kein Toast, den du dir schmierst oder ich mir, wird dem Angriff des anderen mehr trotzen können. Während wir auf den Toaster warten: Willst du die Hälfte?)

Klingelt das Telefon, Handy oder Festnetz, und einer von uns geht ran, fragt der andere: *Wer ist dran?*

Egal, welchen verlegten Gegenstand wir suchen, wenn es darum geht, wer ihn zuletzt benutzt hat, schaffen wir es immer, den Verlauf der Tatsachen zu rekonstruieren.

Unsere vom Zusammenleben beeinflussten Geschmäcker werden ständig zu neuen Moden hingezogen: Erst Weißbrot, dann Vollkornbrot, ich finde es doch gut, dass du das Bild aufgehängt hast, erst Fleischkost, dann allmählicher Vegetarismus, du hast recht, wir sollten Gedichte auswendig lernen, Wandern macht wirklich Spaß.

Mit einer Mischung aus Toleranz und Indifferenz nimmt jeder von uns eine Sammlung von alten Büchern in Kauf, die, außer beim Abstauben, nie jemand aufschlägt, oder von wuchernden Orchideen, die einfach nicht eingehen wollen.

(Sollte eine von ihnen eines schönen Tages wieder Blüten treiben, werden wir staunend vor diesem Wunder der Natur stehen, besser gesagt diesem Wunder des Lebens: Erst war nichts, und jetzt das!)

Im Namen des beiderseitigen Interesses werden unsere persönlichen Vorlieben hinfällig (aber wenn ich es dir doch sage, es ist mir egal), ohne ganz zu verschwinden (oh, diese Einstellung finde ich zum Kotzen!).

Woran sieht man, dass wir verheiratet sind?

Mein Mann und ich tragen beide einen Ehering, auf dessen Innenseite unsere Namen graviert sind: in meinem der Vorname meines Mannes, in seinem meiner.

Als ich meinen Ring abnehme, um es zu überprüfen, und den Namen meines Mannes lese, der in dünnen Großbuchstaben über die ganze Breite dieser zwei Millimeter geschrieben steht, nur dieser Name, sonst nichts, muss ich an seine Einsamkeit denken und an meine und dass wir uns deshalb in die Arme gelaufen sind.

(Lautlos schlagen wir zwei beringten Vögel hier in unserem Unterschlupf mit unseren Flügeln.)

Warum haben wir geheiratet, mein Mann und ich?

Wenn wir es nicht getan hätten, wie hätte ich über all die Jahre bis heute sagen sollen: *mein Mann?*

Im Französischen gibt es ein eigenes Wort für den Ehemann: *mari*, aber keines für die Ehefrau, die nennt Mann weiterhin *ma femme*. *Mon homme* kann man zwar auch sagen, aber es wirkt ein bisschen deplatziert, leicht überdreht. *Mon mari* wirkt normal und zivilisiert.

*Mon mari* kann man für alles verwenden: den Beruf, die Sozialversicherungsnummer, die Aufgabenverteilung im Haushalt, das Auflisten von Geschmäckern und Vorlieben, alle möglichen Angaben, die man der Außenwelt zu machen hat.

Aber würde eine verheiratete Frau zum Beispiel zu einem Versicherungsmakler sagen: *Mon homme vous a téléphoné tout à l'heure*, »Mein Mann hat sie vorhin angerufen«, oder laut ausrufen: *Mon homme ne lit jamais de roman!* »Mein Mann liest keine Romane!«, würde das hysterisch wirken, fast lachhaft.

Niemand hört eine sexuelle Anspielung, wenn ein verheirateter Mann *ma femme* sagt, man hält ihn deshalb noch nicht für obsessiv.

Aber wenn eine Frau *mon homme* sagt, dann oh oh, her mit den Beruhigungstabletten!

Im Französischen bleibt eine verheiratete Frau eine Frau, *une femme est une femme*, ihre Funktion bleibt die gleiche, der Mann, *l'homme,* wird als Ehemann zum *mari*, wechselt also die Funktion. Kann mir das einer erklären?

Da wir schon bei Aufzählungen sind: Ab einer gewissen Anzahl wird es als Frau gefährlich, *Männer* und *Ehemänner* durcheinanderzuwerfen, das sorgt bei den Zuhörern für betretenes Schweigen.

Bei einem Mann ist das anders, es reicht, wenn er dazusagt: Die habe ich geheiratet, die nicht.

Erstaunlich.

Manchmal zucken die Leute ernüchtert mit den Schultern: Es ändert sich nichts, wenn man verheiratet ist.

Ein reines Detail, sagen manche.

Kann man ihnen glauben?

Ich kenne Paare, die nicht verheiratet sind und in alltäglichen Situationen trotzdem *mein Mann, meine Frau* sagen, um sich das Leben leichter zu machen.

Macht die Ehe einem das Leben leichter?

Hätten mein Mann und ich nicht geheiratet, auf welche Arten wären wir dann *zusammengeblieben*?

Wenn wir mal von dem unbestimmten Punkt ausgehen, an dem wir uns vor der Hochzeit befanden: Wären wir, ohne zu heiraten, auch da, wo wir heute sind? Oder *woanders*?

Oder an zwei unterschiedlichen Orten?

Das ist, als wollte man sich eine Gebirgslandschaft vorstellen, bevor Berge da waren, oder den Ozean ohne Wasser oder gleich die Unendlichkeit.

Mein Mann und ich machen einander auf eine Menge Dinge aufmerksam, die wir ohne den anderen wahrscheinlich nie bemerkt hätten: etwas Schönes irgendwo oder irgendwann; einen Essensrest zwischen den Zähnen; einen Farbfleck am Himmel, in der Landschaft oder auf einem Gemälde; wenn die Luft irgendwo besonders gut ist oder es merkwürdig riecht; wie etwas schmeckt, gut oder nicht, aber auf jeden Fall ungewohnt; eine positive Eigenschaft oder einen Fehler an uns oder jemandem, der uns nahesteht oder auch nicht; eine unter täuschenden Erscheinungen verborgene Wirklichkeit; ein Kleidungsstück, das man nicht mehr tragen kann; eine Hautwucherung auf dem Rücken oder etwas, das *wahnsinnig lustig* ist, obwohl es auf den ersten Blick nichts zu lachen gab; eine bestimmte Passage in einem Musikstück, das wir daraufhin in Schleife hören; viele kleine unbewusste Eindrücke, wie einen bestimmten Ton in der Stimme am Telefon oder eine neue Geste mit der Hand, die spürbare Resonanz eines Kunstwerks oder Satzes, einer neuartigen Erfahrung oder veralteten Sprechweise für uns oder in unserem Leben.

(Steht man jedoch allein vor etwas Neuem und ist ergriffen von einem Zauber oder dem Gefühl, etwas zu entdecken, bekommt dieser Eindruck einen leichten Riss, wenn uns die fehlende Dimension des anderen, der nicht da ist, bewusst wird.)

Auf Hebräisch heißt *der Mann*: *ich* איש:

Und die Frau: *icha* אשה.

Gemeinsam haben sie: das *Aleph* א und das *Chin* ש, zusammen also *ech* אש: das Feuer. Puh!

Sie unterscheidet: das *Youd* י, das im Wort *ich* איש vorkommt, aber nicht im Wort *icha* אשה.

Und das *He* ה in *icha*. Also: *Youd, He,* יה: Das wiederum ist eine mögliche Schreibweise für das Wort *Gott*.

Wer möchte, kann hier seinen Kommentar dazu aufschreiben:

Nehmen wir das Wort *Gatte/Gattin*.

Auch hier wird ein Mann leichter sagen: *meine Gattin* – vor allem in bestimmten Kreisen, in einem bestimmten Alter oder wenn sich die Gelegenheit ergibt: *Darf ich Ihnen meine Gattin vorstellen …* Das entsprechende Pendant dazu ist: *Es war mir eine Ehre, ihre charmante Gattin kennenzulernen.*

Aber bei welcher Gelegenheit könnte eine Frau *mein Gatte* sagen, ohne dass ein leichtes Gefühl der Hochstapelei sie beschliche?

Um Unannehmlichkeiten aus dem Weg zu gehen, wird sie sich vielleicht scherzend für das literarische *mein Angetrauter* entscheiden oder gar für den *Göttergatten*, der auch mit humorvollem Augenzwinkern höhnisch nach Wackelpudding klingt.

Ist die Behauptung, die Ehe würde nichts ändern, vielleicht eine Form von affektiver Faulheit?

Man würde wirklich gerne *gar nichts* fühlen, Punkt aus.

Das ist unser gutes Recht.

Aber wenn alle sich liebenden Wesen heutzutage so erpicht darauf sind, zu heiraten, was macht es dann für einen Sinn, steif und fest zu behaupten, die Ehe würde nichts ändern?

Vom unangepassten Revoluzzer wird man plötzlich zum finsteren Reaktionär, einem regelrechten Miesepeter.

Wird die Ehe durch die grundsätzlichen Veränderungen, denen sie unterliegt – ähnlich wie diese Berufe, die bis vor Kurzem Männern vorbehalten waren und ihren Status eingebüßt haben, seit sie auch für Frauen zugänglich sind –, für die übliche Mehrheit bald zu einer reinen Formalität, die man sich auch sparen kann?

Anders gefragt: Was hat die Ehe derart Anziehendes oder Abstoßendes an sich?

Ist die Ehe die konventionellste Art und Weise, über unser Sexleben zu sprechen?

Eine Erlaubnis?

Eine offizielle Beschränkung?

Oder sein völlig überfrachteter Rahmen?

Welches Bild würde ich finden, wenn ich darüber reden müsste?

Würde ich mehr über unser Sexleben reden, wenn mein Mann und ich nicht verheiratet wären?

Oder es *gewesen* wären?

A propos, wenn mein Mann und ich das gleiche Geschlecht hätten, welches wäre es?

Befinden wir uns nicht schon deshalb in ständiger Hybridisierung, weil wir immer ein bisschen was vom Geschlecht des anderen übernehmen?

Hätte ich einen Bart, würde ich mich rasieren wie mein Mann, eine andere Möglichkeit sehe ich nicht.

Würde er seine Tage bekommen, ginge er damit genauso um wie ich, alles andere käme ihm seltsam vor (mag sein, dass diese Theorie ein wenig gewagt ist).

Mein Mann ist der Mensch, mit dem ich am häufigsten zusammen war und an den meisten unterschiedlichen Orten: im eigenen Land oder im Ausland, in Fahrstühlen, Autos oder Flugzeugen, in den Räumen von Wohnungen oder Häusern, den Wellen des Meeres oder schneebedeckten Bergen, in einem verlassenen Nest oder einer Riesenmetropole, in Wartezimmern oder an Denkmälern, an bekannten oder unbekannten, alltäglichen oder als unvergesslich geltenden, armseligen oder prunkvollen Orten.

Mit jedem dieser Orte, vom banalsten bis hin zum berühmtesten, verbinde ich ganz bestimmte Bilder: Gesten und Bewegungen in Zeitlupe, meistens ohne Worte, reine Gefühlseindrücke, ich höre zwar seine Stimme, aber nicht, was er sagt; die Worte bleiben im Verborgenen – wenn ich sie aufschreiben wollte, müsste ich sie erfinden.

(NB: Die meiste gemeinsame Zeit haben mein Mann und ich bis jetzt aber zu Hause verbracht.)

Manchmal werden mein Mann und ich zu rein physikalischen Phänomenen.

Wo wir auch sind, auch im bekleideten Zustand, auch wenn einer gerade allein Auto fährt, Einkäufe oder Sit-ups macht oder ein Formular ausfüllt oder arbeitet, bleibt unser Hormonaustausch aufrechterhalten, vital und unsichtbar, so wie uns überall und ständig Neuronen durchqueren, Körper, Münder, Haare, Augen und Seelen.

(Umgekehrt können mein Mann und ich uns aus irgendeinem Grund, auch wenn wir zusammen sind, *meilenweit entfernt voneinander* fühlen.)

Fast überall sind mein Mann und ich Zeugen unserer unterschiedlichsten körperlichen und geistigen Zustände: fettige Haare oder fleckiger Morgenmantel, struppiger Bart oder schlabbrige Klamotten, schweigsam oder redselig, schreiend, weinend oder am Boden zerstört oder im Gegenteil sanftmütig und ruhig, schlecht gelaunt oder in Hochform; unsere plötzlich aus unseren Kleidern strömende Energie, die uns auf ein anderes Level hebt, über unsere bloße Existenz als Ehemann und Ehefrau hinauswachsen lässt und nach draußen zieht, wo wir zu wandlungsfähigen, parfümierten Wesen werden; wir sehen uns dabei zu, wie wir in kürzester Zeit von einem Aggregatzustand zum nächsten wechseln, von den kleinsten Ritualen unserer Morgentoilette bis zum gesellschaftsfähigen Glanz, vom animalischen Aufwachen bis zu dem Moment, in dem wir zur Arbeit gehen.

Ein Mann, der Ehemann war, hört nie ganz auf, Ehemann zu sein, weil er danach zum Ex-Ehemann wird.

Ein Ex-Ehemann schreibt sich viel nachdrücklicher in dein kleines inneres Diorama ein als ein Ex-Nicht-Ehemann, gerade weil er eine Zeit lang ein Ehemann war und dadurch eine andere Funktion hatte, die nicht unbedingt höher, aber auf jeden Fall anders ist als alle Funktionen, die man jedem beliebigen Nicht-Ehemann zusprechen kann.

Liegt es an dieser einzigartigen Funktion, dass sich bei mir in Bezug auf meinen Mann ungeahnte Wesenszüge offenbaren?

Wem sonst könnte ich systematisch die Socken sortieren? Oder die Hemden und Boxershorts, die er auch durchlöchert noch trägt, in Streifen reißen, um exquisite Putzlappen daraus zu machen? Mit wem sonst könnte ich über so lange Zeit dieselben sanitären Einrichtungen benutzen, Geräusche, Gerüche und Körperrituale immer dicht an dicht?

(Unverheiratet könnte ich mir das alles, gleich meinen Artgenossinnen, die oft wild entschlossen sind, sich wieder fest zu binden, aber bitte jeder in seiner Wohnung, vielleicht auch nicht mehr vorstellen.)

Liegt es an dieser einzigartigen Funktion, dass sich mein Mann seinerseits als der einzige Mensch auf der Welt entpuppt, bei dem ich mich rückhaltlos und manchmal auch grundlos vollkommen unausstehlich benehmen kann?

Wodurch sonst, wenn nicht dadurch, dass wir verheiratet sind, gelänge es meinem Mann und mir, unsere eingefleischtesten Angewohnheiten aneinander anzupassen, oder vielmehr, sie so miteinander zu verbinden, dass ein alltagstaugliches Gebilde ohne größere Lücken oder überstehende scharfe Kanten dabei herauskommt?

Der Titel dieses Buch hätte auch *Porzellanhochzeit* sein können.

Mein Mann und ich sind gerade bei der *Türkishochzeit* angekommen.

Aber die durchscheinende Zerbrechlichkeit der Porzellanhochzeit ist mir lieber als das blaue Paradies der Türkisen, das leere Weiß lieber als das übergriffige Blau.

(Vor der *Perlmutthochzeit* fürchte ich mich, der altmodische Name bringt die Tragweite der Sache nur schlecht zum Ausdruck.)

Von Regenbögen lassen wir uns auf ebenso konventionelle Weise in Verzückung versetzen wie von Hochzeiten.

Sucht euch aus, wen ihr wollt, und verkündet, dass ihr heiraten werdet, euer Gegenüber wird augenblicklich in ein festes Rollenschema verfallen: erfreutes Gesicht und zusammengekniffene glänzende Augen, *ach wie schön, was für eine großartige Nachricht, herzlichen Glückwunsch*!

Euer Gegenüber oder ihr selbst genauso.

Oder ist es euch schon passiert, dass ihr auf eine solche Ankündigung hin völlig ungerührt reagiert habt, so wie ihr in Wirklichkeit darüber denkt? Unmöglich. Ich genauso: *Ach, wie großartig, bravo!*

Woran liegt das?

(Ist es Zufall, dass ich, während ich an diesem kleinen Essay schreibe, davon höre, dass man im Regenbogen das Zeichen der göttlichen Allianz mit uns Menschen sehen kann?)

Hoffen wir denn tief in unserem Herzen, dass jede(r) frisch verheiratete Frau/Mann durch ihre/seine bloße Teilnahme am grundsätzlichen Konzept der Ehe ihren/seinen eigenen Beitrag an Sanftheit, Harmonie und Glück liefern wird, wie jeder Bürger zur Gesellschaft?

Einen kleinen individuellen Touch?

Ist die Ehe ein Selbstzweck?
    Ein Ende oder ein Anfang?
    Kommt das auf die Beteiligten an?

Heiraten manche von uns mehrmals, um die Idee der Ehe zu perfektionieren, oder, um sich selbst in der Ehe zu perfektionieren?

(Jede Eheschließung trägt ihre eigene Hoffnung in sich, so auch unsere hier, immer noch einigermaßen weiß, aber auch immer noch schwankend, zart und scheu, tief im Innern verborgen wie eine kindliche Angst.)

Hätten mein Mann und ich einander mit derselben Leichtigkeit geheiratet, wenn wir es nicht zum ersten Mal getan hätten, wenn er oder ich bereits vorher verheiratet gewesen wären?

Hätte ich es gemerkt, wenn mein Mann bereits jemandes anderen Ex-Mann gewesen wäre, ohne dass er es mir gesagt hätte? Und hätte das irgendetwas geändert?

Hätte ich seine Eignung zum Ehemann infrage gestellt oder seine Fähigkeit, es mehrmals zu sein, und wenn ja, wie sehr?

Wäre es für mich ein Plus, ein Minus oder genauso, wenn mein Mann schon ein Ex-Mann wäre?

Ich habe nicht die geringste Ahnung.

Mir vorzustellen, ich hätte meinerseits meinen Mann als Ex-Frau eines anderen Mannes geheiratet, bringt mir auch keine Erkenntnisse bezüglich der produzierten Wirkung. Die ganze Frage bleibt nebulös.

Manchmal höre ich einen verheirateten Mann oder eine verheiratete Frau ausrufen: Wir kennen uns in- und auswendig!

Ich frage mich, ob sie nicht der Einfachheit des Ausdrucks zum Opfer fallen.*

Ich werde nie genau wissen, was mein Mann von mir weiß.

Ich kann ihm auf jeden Fall den Vorwurf machen, das ein oder andere nach all der Zeit *nicht* zu wissen.

An ein winziges Detail seiner mangelnden Kenntnis meiner Person kann ich mich noch nach Monaten erinnern, ich vergesse es nicht, es ist für mich symbolisch.

Was weiß ich umgekehrt von ihm?

Was fällt mir ein, dessen ich mir sicher sein kann?

Welche wesentlichen Kenntnisse besitze ich, die sein inneres Puzzle wie die verhexten fehlenden Teile vervollständigen könnten, um ihm zu einer tieferen Kenntnis seiner selbst zu verhelfen?

* (Es sei anzumerken, dass die Situation ähnlich sein mag, wenn mein Mann oder ich eine Geschichte oder Anekdote erzählen, deren Erfolg wir uns sicher sind und die der andere zum x-ten Mal hört und mit interessiertem Gesicht verfolgt, ganz als hörten wir sie zum ersten Mal, obwohl wir sie bereits *in- und auswendig* kennen.)

Selbst wenn wir hin und wieder solche Sätze sagen –

Ich hätte drauf wetten können/Das braucht man bei dir gar nicht erst zu versuchen/Im Grunde änderst du dich nie –,

benutzen mein Mann und ich diese Vereinfachungen nur so, wie man, die Gefahr missachtend, eine Kurve zu schnell nimmt: aus Nachlässigkeit oder Faulheit, einem plötzlichem Machtgelüste folgend oder aus dem Bedürfnis heraus, eine Kälte auszustrahlen, die den anderen reglos und sprachlos macht und für einige Augenblicke erstarren lässt.

Weiter bringt uns das nicht.

Genauso können zwischen meinem Mann und mir auch Funken sprühen – im Gemenge unserer beiden vermischten Leben bringt plötzlich eine ganz bestimmte Geste, ein bestimmtes Wort, ein Flüstern oder eine Berührung beim anderen eine ungeahnte Kraft zum Vorschein, eine Schwäche oder Offenheit, die er selbst an sich noch nicht kannte.

Ist das nicht wunderbar?

Manchmal könnten mein Mann und ich Zwillinge sein.

An anderen Tagen finden wir, der andere tickt nicht ganz richtig.

Ich bin mir nie sicher, ob es daran liegt, dass wir so unterschiedlich sind oder dass wir im Gegenteil genau gleich ticken.

Was meinen Mann und mich angeht, so hat die Ehe jedenfalls gar nichts von einer Gebrauchsanweisung.

Manchmal schreibe ich meinem Mann in einem Anfall von Inspiration eine SMS. Spricht er mich später darauf an, würde ich am liebsten alles löschen.

Genauso geht es mir, wenn ich eine SMS dieser Art von ihm bekomme, keine Antwort weiß, nicht zurückschreibe und er sich später erkundigt: Hast du meine SMS bekommen?

Seit Kurzem lösche ich unsere Nachrichten systematisch auf meinem Handy, damit sie niemand lesen kann, falls ich es verliere.

Die beste Möglichkeit, zu bewahren, was dies- oder jenseits der Sprache verborgen liegt, ist immer noch, über alles Stillschweigen zu verhängen.

Mit der Zeit wachen mein Mann und ich immer früher auf.

Obwohl wir ungefähr gleichzeitig aufwachen, sagt immer einer, er wäre schon viel länger wach als der andere.

(Wenn wir mal über unsere Träume sprechen, gibt immer einer seine Interpretation dazu ab.)

Zuerst hatte ich mir überlegt, einen Blog mit dem Titel *Porzellanhochzeit* zu schreiben.

Dann dachte ich an Twitter.

Meine *Follower-Community* hätte vielleicht die perfekte Anzahl Hochzeitsgäste abgegeben?

Ich entschied mich schließlich doch für diese traditionellere Form – zur selben Familie gehörig wie das Büchlein, das uns der Standesbeamte ausgehändigt hat.

(Unseres besitzt einen Einband aus königsblauem Samt, auf dem in goldenen Lettern *Familienstammbuch* steht. Jedes Mal, wenn ich es für Ausweis- oder Reisepassanträge irgendwohin mitnehme, vergewissere ich mich mehrmals, ob ich es nicht unter dem großen grauen Flügel des Fotokopierers liegen gelassen habe.)

Als ich unser Stammbuch in die Hand nehme, kann ich kaum glauben, dass wir so weit gegangen sind. Ich lese jeden Absatz noch einmal, und dabei geht mir Verschiedenes durch den Kopf.

*Wer miteinander die Ehe eingeht, verspricht sich gegenseitig Treue, Achtung, Rücksicht und Beistand in allen Lebenslagen.*

Inwiefern sind diese vier Dinge miteinander verbunden?

Ist die Gefahr so groß, dass die Achtung von der Rücksicht gestärkt werden muss? Plötzlich tut sich ein sumpfiges Loch auf, in dem mein Mann und ich abwechselnd versinken: Nimm meine Hand, halt dich fest, lass nicht los!

Unten auf der Seite mit unseren Namen das bisher weiß gelassene Kästchen für die *Todeserklärung*.

Danach räume ich alles wieder in den Ordner *Stammbuch/Pässe/Impfpässe/Passfotos,* mache den Schrank wieder zu und stehe so schnell auf, dass mir schwindelig wird und schwarz vor Augen.

(Das Stammbuch bleibt im Schrank, aber unsere Ringe begleiten uns überallhin, wo immer wir hingehen, wir nehmen sie auch mit ins Jenseits.)

Mein Mann und ich haben im Durchschnitt acht Jahre später geheiratet als die Generation vor uns.

Auf unserem Hochzeitsfoto, das bei meinen Schwiegereltern, die dieses Jahr *Orchideenhochzeit* feiern, immer noch auf dem Kamin steht, sieht man uns in unserem wundersamen Aufzug mit entrücktem Lächeln und zu kurzen Beinen. Dass der Fotograf bei der Perspektive einen Fehler gemacht hat, ist uns neulich erst aufgefallen.

Jedes Mal, wenn wir daran vorübergehen, sage ich, das hat bereits System: Wir müssen mal ein Album für die Kinder machen.

(Wir haben mehrere dicke Alben zu Hause, die man uns *justament* zum Anlass dieser Hochzeit geschenkt hat, alle leer. Unsere ganzen Fotos sind unsortiert. Inzwischen auf Festplatten.)

(Wenn ich unsere leeren Alben mit denen einiger unserer Freunde vergleiche, die ihre Fotos fein säuberlich eingeklebt und beschriftet haben, kann ich das Gefühl nicht unterdrücken, sie wären *verheira-teter* als wir. Dann rufe ich mich wieder zur Vernunft.)

Im Jahr unserer Hochzeit habe ich meinem Mann eine Uhr geschenkt. Er trägt sie immer noch am Handgelenk, will keine neue, durch welches andere Modell sollte man sie ersetzen?

Ich weiß nicht, wie oft ich den einen oder den anderen der kleinen Ohrclips, die er mir geschenkt hat, schon verloren und wiedergefunden habe, unter der Matratze, in einem Cup meines BHs, einer Rille im Parkett; oder auch diesen Ring, den ich bereits endgültig abgeschrieben hatte und der eines Tages unter dem Ausklappbett meines jüngsten Sohnes auftauchte, wie ein Zeichen, aber wofür? Ein anderes Mal fand ich ihn in ein Taschentuch gewickelt ganz unten im Papierkorb. Ich hatte ihn beim Telefonieren poliert und dann beim Schreibtischaufräumen vergessen.

Woher-diese-Eingebung-ihn-dann-im-Papierkorb-zu-suchen?

Könnte es sein, dass die Ehe ein geschärftes Bewusstsein für das Mysterium ist?

(Meine Mutter hat die Armbanduhr, die mein Vater ihr zum ich-weiß-nicht-wievielten Hochzeitstag geschenkt hat, nie wiedergefunden, und trotzdem haben sie dieses Jahr *Lapislazuli-Hochzeit*. Na, wer sagts denn.)

Ich habe Folgendes festgestellt: Wenn sie es nicht gleich zu Anfang getan haben, läuft es bei allen Paaren früher oder später darauf hinaus, dass sie heiraten.

Wegen der Steuer, der Kinder oder einer Krankheit, weil man älter wird oder aufgrund gemeinsamer Besitztümer …

Aber sicher nicht deshalb, weil wir versuchen, gegen die Zeit anzukämpfen, weil wir schlottern vor Angst vor dem großen Nichts um uns herum!

Mag sein, dass die Verwendung von *seine/ihr Versprochene(r)* heutzutage unüblich geworden ist, wenn es um den zukünftigen Ehepartner geht, und doch bleibt die Ehe mit dem Gedanken eines ihr innewohnenden Versprechens verbunden. Welche Art Versprechen ist das?

Ich erinnere mich nicht, dass mein Mann und ich uns etwas versprochen hätten, und trotzdem liegt ein Versprechen in der Luft, das alle möglichen Stoffe zusammenhält, unsere Körper, vier Wände und Gegenstände, als Kleber unserer zeitlichen Gemeinschaft, was ihr manchmal eine mystische, dem Unvorhersehbaren trotzende Dimension verleiht.

Nach dem gleichen etwas eigentümlichen Prinzip kann es sein, dass ich zu meinem Mann sage, ich würde ihm dies oder jenes nie verzeihen, und doch ist im selben Moment oder mit der Zeit, am nächsten oder einem der darauffolgenden Morgen schon wieder alles verziehen, irgendetwas ist ohne mein Zutun passiert, und ich habe die ganzen Geschichte mitsamt dem Wie und Warum vergessen.

(Mein Mann ist da vorsichtiger. Er sagt, es gäbe dennoch eine Sache, die er auch mir nicht verzeihen würde; aber kann er sich da so sicher sein?)

Nehmen wir an, die Ehe ist eine Form unserer Langlebigkeit: Was ist, wenn einer der beiden Eheleute *stirbt?*

Geht die Ehe dann für einen allein weiter?

Oder wird die übrig gebliebene Hälfte ein für alle Mal mit fortgerissen?

Eines Tages, es ist lange her, ich war noch nicht verheiratet, traf ich meinen alten Nachbarn im Treppenhaus, der gerade aus der öffentlichen Badeanstalt nach Hause kam. *Wie, Sie haben kein Badezimmer?! – Nein, noch nie!* Und, womit er seine verstorbene Frau meinte: *Wissen Sie, wie es ist, seine bessere Hälfte im Waschzuber zu baden?*

Den Gedanken der *Hälfte* fand ich damals eigentlich abstoßend.

Auch heute ist das kein Wort, das ich verwenden würde.

Was mich ratlos macht: verheiratete Paare, die besonderen Wert darauf legen, dass sie keinen Ehering tragen.

Was mich rührt: ein Mann oder eine Frau, die zusätzlich zu ihrem eigenen Ring den des verstorbenen Partners tragen.

Da wir genauso viel gemeinsam erlebt haben, frage ich mich manchmal, welche gemeinsamen Erinnerungen mein Mann und ich besitzen.

Wenn eine gemeinsame Erinnerung die Art und Weise ist, wie jeder für sich ein Element unseres gemeinsamen Lebens im Gedächtnis behält, was ist daran tatsächlich gemeinsam?

Damals zum Beispiel, als wir im Meer gebadet haben – weiches Wasser/untergehende Sonne/leise ans Ufer plätschernde Wellen –, aber kannst du dich wirklich nicht mehr an die Frau mit der geblümten Bademütze erinnern, die sich an uns gehängt und *Ich weiß, ich bin ein bisschen aufdringlich* gekeucht hat, weil sie Angst hatte, von einer Muräne gebissen und auf offener See bewusstlos zu werden?

Ist es nicht traurig, sich vorzustellen, dass eine Erinnerung, die wir für eine *gemeinsame* halten, sich in Wirklichkeit in meiner Erinnerung sowie in der Erinnerung meines Mannes in fast jedem Punkt unterscheidet?

Allein deshalb, weil er er ist und ich ich?

Oder allein deshalb, weil er zum Beispiel auf der rechten und ich auf der linken Seite stand, oder er oben lag und ich unten, oder umgekehrt?

Worauf willst du damit eigentlich hinaus?

Nehmen wir an, das Leben wäre dieser Weg, von dem so oft die Rede ist, und mein Mann und ich befänden uns am Steuer eines dieser Autos, die man in der Fahrschule hat, mit Pedalen auf beiden Seiten: Wie groß wäre die Wahrscheinlichkeit, dass wir mit unseren so unterschiedlichen Vorstellungen in Ruhe geradeaus führen, ohne den Motor heiß laufen oder alle paar Meter absaufen zu lassen?

Zum Glück ist das nicht der Fall.

Mein Mann war nicht immer mein Mann.

Zuerst wurde er von meinen zukünftigen Schwiegereltern gezeugt, die nicht wussten, dass sie meine Schwiegereltern werden würden, da ich selbst erst wenig später zur Welt kam.

Dann ist das Wesen-bevor-es-mein-Mann-wurde geboren worden.

Er war ein staunendes, vorsichtiges Baby; ein kleiner Junge, der immerzu Dingen, die andere wegwarfen, einen neuen Nutzen erfand; ein Teenager, der seine leisen Hoffnungen und komplizierten Gedankengänge mit sich herumschleppte; ein junger Mann, der es nicht erwarten konnte, die Welt zu verändern, ohne genau zu wissen, wo anfangen; dann ein nicht mehr ganz junger Mann, der gern über die Mysterien des menschlichen Lebens nachdachte, umso mehr, da er einige bereits durchdrungen hatte – gehörte unsere Begegnung damals nicht auch dazu?

Während all dieser Zeit, sogar in dem Moment, als ich ihm begegnet bin, und auch danach, als wir heirateten, und in all jenen kleinen Augenblicken unseres oder vor allem seines Lebens, das wir Seite an Seite (oder auch nicht) miteinander verbrachten, bis heute, während all dieser Zeit war und ist mein Mann weiterhin auch eine Unmenge von Gemütsbewegungen, Gefühlen, Empfindungen, Gedanken, Körperflüssigkeiten und Seelenzuständen, die mir bis zum Ende unbekannt bleiben werden, anders gesagt: ein Rätsel.

Nicht genug, dass mein Mann nicht immer mein Mann war: Auch nachdem er es geworden war, blieb er weiterhin hauptsächlich *etwas anderes*. Ich sage *mein Mann*, bezeichne damit aber nur einen winzigen Teil seines Wesens, auch wenn ich das Ganze meine. In meinem Mund wird mein Mann zur Metonymie.

(Wenn ich mir vorstelle, dass ich bei den offiziellsten Anlässen meines Lebens den Nachnamen einer Metonymie trage!)

Ist es in Anbetracht dieser Tatsache dann so überraschend, dass mir mein Mann zwar vielleicht nicht in Gestalt eines Fremden erscheint – weder in Gestalt noch in der Haut eines Fremden, noch mit fremden Bewegungen oder fremder Stimme, aber plötzlich umgeben von einem Hauch *Befremdlichkeit?*

Und wenn ich diese *Befremdlichkeit* nun wiederentdecke, die ich noch aus unserer ersten Zeit kenne, bevor sie sich verflüchtigte, ohne ganz zu verschwinden, freue ich mich darüber, als etwas, das nie aufhört, ein Fließen, eine stete Bewegung.

(Doch sobald ich meinen Mann beim Vornamen nenne, wischt die Klarheit seiner Identität jedes Mysterium beiseite.)

Nenne ich meinen Mann in Gedanken bei seinem Vornamen, denke ich überwiegend an das, was er außerhalb von mir und unserer Ehe weiterhin ist; also mehr an das, was uns *verbindet*, glaube ich, als an das, was uns *bindet*.

Sein Vorname bringt Distanz in die Sache, er gibt ihm seine Freiheit, seine Autonomie zurück.

Sage ich in Gedanken nur *mein Mann*, wird die Luft dünner, ich denke gleichzeitig auch an mich, wenn ich an ihn denke, weil er nur durch mich mein Mann ist, meine Sichtweise wird kubistisch, fast ein anderes Thema.

Wie findet man die richtige Balance?

Andererseits könnte mein Mann von Grund auf ein anderer werden, vom Frühaufsteher zur Nachteule mutieren, Fußball- oder Formel-1-Fan werden oder Heimwerker, er könnte sich plötzlich für Mantras begeistern oder den Bart wachsen lassen, er könnte eines Tages aufwachen und eine unbekannte Sprache sprechen und haufenweise Leben führen, die sich meinem Verständnis entziehen: Solange wir verheiratet sind, wird dieser winzige Teil von ihm, der *mein Mann* heißt, bestehen bleiben.

Aber kann ich daraus irgendeine Sicherheit ziehen?

Wenn ich das hier lese:

*O du gräbst und ich grab, und ich grab mich dir zu,*
*und am Finger erwacht uns der Ring.*

Oder das:

*Weißt du, der Raum ist unendlich,*
*weißt du, du brauchst nicht zu fliegen,*
*weißt du, was sich in dein Aug schrieb,*
*vertieft uns die Tiefe.*

Oder das hier:

*Wir*
*Wissen ja nicht, weißt du,*
*wir*
*wissen ja nicht,*
*was*
*gilt.* *

dann nimmt mein Mann wieder seine normalen Proportionen an.

* Paul Celan, *Die Niemandsrose*

Mein Mann und ich verbringen so viele wortreiche oder wortlose Momente miteinander, die mit so unterschiedlichen und widersprüchlichen Gesten angefüllt sind, dass einem die Vorstellung, dass wir jedes Mal dieselben Mein-Mann-und-ich sein sollen, unglaublich erscheint.

Manchmal ähnelt ein Moment einer weitläufigen Landschaft, so ruhig, dass man sich vielleicht fragt, wo wir geblieben sind.

Und doch sind wir da, mein Mann und ich, sitzen an einem Tisch oder lesen in die Kissen gestützt, ein System friedlichen Beisammenseins, oder auf dem Sofa in irgendeine ruhige Beschäftigung vertieft.

Meinen ausgenommen kenne ich noch eine ganze Reihe anderer Ehemänner persönlich.

Obwohl ich weiß, dass sie Ehemänner sind, nehme ich sie trotzdem unter ihrem Nicht-Ehemänner-Aspekt wahr, außer wenn ihre Eigenschaft als Ehemann im Gespräch mit ihrer *Frau*, seltener mit ihnen, oder in ihrer Haltung zufällig durchscheint.

So entdecke ich überraschende Dinge in Bezug auf fast all unsere Lebensbereiche, sogar die intimsten. Dadurch kommen mir ganz neue Ideen, die ich aber leider mit niemandem teilen kann, da ich versprechen musste, es keinem weiterzuerzählen, nicht einmal meinem Mann!

Es kommt also vor, dass mein Mann und ich Geheimnisse voreinander haben, und seien es nur diejenigen, die andere uns anvertrauen.

Anfangs ärgerte ich mich: Genau dieses eine Geheimnis fehlt uns, um einen interessanten Vergleich zu ziehen und uns weiterzuentwickeln.

Kurz darauf bin ich überrascht, dass ich es schon wieder zur Hälfte vergessen habe.

Wenn ich von der Spitze meines Eheberges herab und trotz der mir anvertrauten Geheimnisse verkündete: *Mein Mann und ich haben keinerlei Geheimnisse voreinander!*, wäre das nicht ziemlich übertrieben?

Um das herauszufinden, müsste ich mein gesamtes Innenleben durchforsten. Nehmen wir an, ich wäre dazu nicht zu faul: Würde ich nicht natürlicherweise hier ein Detail und dort eine Kleinigkeit vergessen?

Welche Geheimnisse könnte mein Mann vor mir haben?

Ich überlege das manchmal.

Erst klopfe ich jede einzelne Periode seines Lebens und jeden seiner Tätigkeitsbereiche ab, aber vielleicht liegt es am Selbsterhaltungstrieb, dass sich alles rasch vermischt und glücklicherweise unentwirrbar wird.

Hat es auch mit dem Verheiratetsein zu tun, dass sich diese Masse an gegensätzlichen Gefühlszuständen, Regungen und Empfindungen zwischen meinem Mann und mir stapelt, alles wild durcheinander, großzügige Überschwänglichkeit und kleinliche Einschränkungen, raue Oberflächen und fließendhelle Kurven?

Wie zum Beispiel gelingt es einem, *Du fehlst mir* und *Ich halte dich nicht länger aus* auf vollkommen natürliche und höchst nachdrückliche Weise unter einen Hut zu bringen? *Komm lass uns reden* und *Ich kann mir das nicht länger anhören? Lass mich in Ruhe* und *Nimm mich bitte in den Arm?*

Gehen mein Mann und ich irgendwohin zu Fuß, gibt es früher oder später den Moment, in dem wir uns einer am anderen *festhalten*, um die Beschaffenheit der Präsenz des anderen neben uns zu überprüfen oder uns ihrer zu versichern, und manchmal um uns mit kurzem Händedruck die plötzliche Lust mitzuteilen, dass man anstatt draußen unter Leuten lieber drinnen in den eigenen vier Wänden und mit dem anderen allein wäre.

Die Finger in seine Handfläche schieben oder in seine Armbeuge legen oder den Arm um die Hüften oder die Schultern und so weitergehen.

(Kommen wir dann nach Hause, kann es sein, dass wir unsere Jacken und Schuhe ausziehen und fertig; unsere Leidenschaft hat sich über die Dauer des Spaziergangs verflüchtigt oder bei dem schlichten Vorgang, die Schlüssel hervorzuholen.)

Wie viele Ehemänner, die ich nicht kenne, treffe ich jeden Tag?

Die Straßen und Bücher sind voller Ehemänner. An wie viele gelesene Ehemänner kann ich mich erinnern?

Der Ehemann der Herzogin von Guermantes liebt sie nicht, das hat mich überrascht, beim ersten Lesen hatte ich es nicht bemerkt.

Der Mann von Anna Karenina liebt sie innig, ohne dass es ihm gelänge, es ihr begreiflich zu machen.

Der Mann von Madame Bovary liebt sie auch, mit tragischer Unbeholfenheit.

Der Mann von Madame de Rénal? Ich weiß es nicht mehr.

Der Mann von Mrs Maytree kommt zum Sterben zu seiner Frau nach Cape Cod zurück, seine Geliebte bringt den Kranken dorthin, das ist sehr schön, auf Französisch heißt das Buch im Übrigen *L'Amour des Maytree*, »Die Liebe der Maytrees«.

Der Mann von Mrs Ramsay liebt seine Frau mit einem schrecklichen Manko an Aufmerksamkeit, er ist selbst zu verstrickt.

Der Mann von Jane Eyre ist gramerfüllt, wenn ich mich recht erinnere.

Der von Rebecca ist ziemlich zweideutig, und jetzt kommen wir ganz nebenbei zu den Ehemännern im Film:

Die Ehemänner bei Hitchcock sind furchterregend! Der schlimmste ist wahrscheinlich der von Alicia in *Notorious:* Bibber!

Vor Kurzem habe ich Vera Drakes Mann gesehen, großartig.

Der Mann von Mathilde in *Die Frau nebenan*, den ich mir gestern angesehen habe, tut alles, um sie von ihrer zerstörerischen Leidenschaft zu retten: umsonst.

Verrückt, ich weiß nicht mehr, ob Rhett Butler Scarletts rechtmäßiger Ehemann ist!

Johan, der Mann von Katarina in *Szenen einer Ehe,* ist fürchterlich.

Die Ehemänner, die von Jean-Louis Trintignant, Daniel Ceccaldi, Michel Piccoli, Yves Montant, Philippe Noiret, Richard Burton, Al Pacino, Dustin Hoffman oder Harrison Ford gespielten wurden, haben meine Generation geprägt, und auch mich?

Der charmante Ehemann, dem man besser aus dem Weg gehen sollte: Antoine Doinel.

Die arglosen Ehemänner der frühen Fernsehserien haben mit den umtriebigen, komplexen Ehemännern der heutigen Serien wirklich gar nichts gemeinsam.

Waren sie einfach gezuckert oder haben sich die Ehemänner so verändert?

Welcher Typisierung kann man trauen?

Wenn ich heute einen Film mit einem tollen Helden sehe und ihn durch einen Effekt der Prägung auf meinen Mann projiziere, kommt mir der Held gleich weniger toll vor; er hält dem Vergleich nicht stand.

Wenn ich umgekehrt meinen Mann in die Haut ebendieses Helden stecke, sensibler einsamer Cowboy mit erstaunlicher Reaktionsgeschwindigkeit, Privat- oder Geheimagent mit denselben Eigenschaften, spielt er seine Rolle großartig, er bereichert sie mit seinen Besonderheiten, auch wenn mein Mann noch nie auf ein Pferd gestiegen ist, nicht raucht und weder Waffenschein noch Lizenz zum Töten besitzt.

Die Menge Ehemänner, die ich mir angelesen und angesehen habe, ist beachtlich, aber ich erinnere mich nur mühsam an sic, ich bringe sie durcheinander, zusammen bilden sie eine riesige, eher dunkle Collage in Schwarz-Weiß mit fantastischer Perspektive. Von Zeit zu Zeit kommen neue hinzu.

Ich frage mich, ob ich nicht Ehemänner und Liebhaber über einen Haufen geworfen habe.

Der Ehemann und der Liebhaber sind von der Geschichte zu Gegenspielern verdammt, die sich schmerzlich ergänzen, das prägt unsere Wahrnehmung: Wie soll man sich den Ehemann als Liebhaber oder den Liebhaber als Ehemann im selben Bett vorstellen?

So denkt der Liebhaber der Frau des *Ewigen Ehemanns* von diesem sowie von ihr:

*»Sie ist eine von den Frauen, so meinte er, die gleichsam dazu geboren sind, treulose Gattinnen zu sein. (...) Der Ehemann ist ihr erster Liebhaber, aber erst nach der Trauung. Kein anderes Mädchen versteht es besser als sie, sich einen Mann zu angeln. An der ersten Liaison ist stets ihr Mann schuld. (...)« Nach Weltschaninows Meinung existierte tatsächlich solch ein Frauentyp; aber zugleich war er davon überzeugt, daß es auch einen diesen Frauen entsprechenden Typ von Ehemännern gebe, deren einzige Bestimmung sei, diesem Frauentyp zu entsprechen. Seiner Ansicht nach bestand das Wesen dieser Männer darin, sozusagen »ewiger Ehemann« zu sein, oder besser ausgedrückt, im Leben* nur *Ehemann zu sein und nichts weiter. »Ein*

*solcher Mann wird geboren und entwickelt sich einzig und allein, um zu heiraten und nach der Heirat sogleich zu einem Anhängsel der Frau zu werden, selbst dann, wenn er zufällig einen unbestreitbar eigenen Charakter besitzt. Das Hauptkennzeichen solch eines Ehemanns ist die bekannte Zierde. Er kann nicht anders als Hörner tragen, genauso wie die Sonne nicht anders kann als scheinen; aber er weiß das nicht nur nicht, er wird das auch den Gesetzen der Natur zufolge niemals erfahren.«*

Ist das nicht ein wenig zu simpel?

Und das sind die Worte des Ehemanns der Prinzessin von Clèves, der sie, ohne seinen Irrtum zu erkennen, für die Geliebte des Herzogs de Nemours hält und vor Kummer darüber stirbt:

*»Meine Leidenschaft war stärker als Sie wußten, Madame; ich habe sie immer wieder vor Ihnen verborgen, aus Furcht, Sie zu kränken oder etwas von Ihrer Achtung durch ein Verhalten zu verlieren, das man von einem Gatten nicht erwartet.«*

So eine Verschwendung!

Hier noch die Schlussfolgerung, die meine Mutter aus ihrer Erfahrung als Scheidungsanwältin zog: Die Leute lassen sich scheiden, weil sie sich im Bett nicht verstehen, und es ist immer die Frau, die die Scheidung einreicht, selten der Mann.

Ich glaube, in allen Betten, in denen mein Mann und ich geschlafen haben, in allen Betten in allen Zimmern in allen Ländern, habe ich immer auf der linken Seite geschlafen und er immer auf der rechten, auch dann, wenn wir von der Mitte ausgingen oder auf einer Seite weniger Licht oder kein Nachtschränkchen war.

In allen Betten, die nicht unser normales Bett waren, haben mein Mann und ich uns meistens auf dieselbe Art und Weise schlafen gelegt, ich zuerst mit einem Buch und dann er, und kaum hat er sein Buch aufgeschlagen, mache ich mein Licht aus; er zieht sich schon aus, bevor er sich ins Bett legt, ich mich, außer in besonderen Fällen, erst unter der Decke; und dann macht er sein Licht aus.

(Bin ich vor ihm im Bett, fällt mir auf, dass ich auf meinen Mann warte, sein noch leerer Platz beschwört eine Reihe Möglichkeiten herauf, die mich plötzlich nervös werden lassen.)

Mein Mann auf seiner rechten Bettseite ist wie ein breiter Rand, über den ich beim Einschlafen ein Bein strecken kann, ohne rauszufallen.

Wenn wir zufällig irgendwohin kommen, wo es kein Doppelbett, sondern zwei Einzelbetten gibt, fühlen mein Mann und ich uns hintergangen und setzen Himmel und Erde in Bewegung, um ein anderes Zimmer zu bekommen, oder schieben die beiden Betten zusammen und legen die Laken so übereinander, dass eine Fläche entsteht, wie Kinder, die wie die Großen zusammen schlafen wollen.

In *Blüte der jungen Mädchenjahre*, erster Teil, erste Seite, überrascht mich:

*»Was letzteren anbetrifft [Swann], so hatte es sich ergeben, daß der ehemalige Freund meiner Eltern dem ›jungen Swann‹ und ebenso dem Swann des Jockey-Clubs eine neue Persönlichkeit aufgesetzt hatte (die noch nicht die letzte sein sollte), nämlich die des Gat*ten *von Odette.*

Die Hervorhebung ist von mir.

Wir stellen hier noch einmal fest, dass sich der Zustand des Ehemanns nicht von selbst versteht: Ob man will oder nicht, man sieht es.

Bei *mein Mann und ich* hält sich mein Mann kavaliersmäßig zurück. Obwohl er vorne steht, wirkt es, als stünde er im Hintergrund und wäre nur da, um das *ich* zu stärken.

(Denke ich *mein Mann*, im Flur oder im Bad oder überhaupt, strömt sofort ein warmes Gefühl durch meinen Körper, ein Gefühl von augenblicklicher, aber abstrakter Geborgenheit, hautnah und phantomhaft zugleich.)

*Ich und mein Mann* kommt ganz anders daher: Es gibt keinen logischen Grund dafür, aber das vorangestellte *ich* erscheint miesepetrig und herrisch und drängt das *mein Mann* in die Ecke.

Könnte man dieses *mein Mann und ich* mit seiner pluralistischen Geselligkeit nicht zufällig in einer weniger prestigeträchtigen Einheit zusammenfassen, nämlich einfach nur: *ich?*

Nein, unmöglich, man kann meinen Mann nicht in *ich* auflösen.

Also nur *mein Mann*?

Auch nicht, ohne das *ich* macht *mein Mann* keinen Sinn.

Und wenn dem *mein Mann und ich* im Gegenteil eine hybride Daseinsform zugrunde läge?

Weder *mein Mann* noch *ich* allein, sondern eine zu diesem Anlass vermengte physikalisch-chemische Zusammensetzung: eine übernatürliche Kreatur, die im Drohnen-Modus über der normalen Welt schwebt.

Mein Mann gehört mir, er ist *der Meine*.

Das heißt nicht, dass ich mit ihm tun und lassen kann, was ich will, wie zum Beispiel mit meiner Halskette, die ich um den Hals oder und als Armband tragen kann, auch wenn das *mein* neben *Mann* haltbarer aussieht als das neben *Halskette*.

Würde unsere Ehe aufhören, würde *mein* Mann im selben Augenblick aufhören, der Meine zu sein.

Sollte es dann so weit kommen, dass er jemand anderes Mann würde, würde er das dennoch nur zum Teil, da er lebenslänglich *mein* Ex-Mann bliebe, Possessivpronomen unveränderbar (ich würde aber nie von *meiner* Ex-Halskette sprechen).

Was ist das denn jetzt eigentlich zwischen meinem Mann *und* mir?

Liegt alles in diesem kleinen *und*?

Der gemeinsam durchwanderte und der veränderbare Raum, die erlebte und die unbestimmte Zeit, das Nahe und/oder Ferne, das Bekannte und/oder Unbekannte, das Leere und/oder Volle, die Harmonie und/oder die Verzweiflung usw. usf.?

Vielleicht bildet *mein Mann und ich* ja eine Art Binde*gewebe*, das unsere zwei Einheiten zusammenhält, weit über das hinaus, was ein kleines Binde*wort* vermag.

Selbst als Dreijähriger ist mein Mann schon mit *Monsieur* angesprochen worden, während bei mir erst sehr viel später, nämlich durch die Heirat mit ihm, aus *Mademoiselle Madame* wurde.

Wieso ändert sich für mich etwas, wenn sich für ihn nichts ändert?

Denkt mein Mann von sich selbst genauso wenig als *Monsieur* wie ich von mir als *Madame*?

(Denkt er überhaupt je von sich als mein Mann bzw. *ihr* Mann?)

Fragt heute jemand am Telefon nach *Monsieur*, bezeichnet er meiner Auffassung nach immer den Ehemann von mir, *Madame*, und nicht denjenigen, der er mit drei war, auch wenn die Grenzen da manchmal fließend scheinen.

Es passiert mir auch, dass ich *Monsieur et Madame* auf einem Brief lese, der an uns adressiert ist, ohne zu merken, dass wir mit dieser Anrede gemeint sind, mein Mann und ich.

Draußen, in einem Wartezimmer, bei der Bank, im Büro, auf Reisen oder in der Schule der Kinder nehmen mein Mann und ich als *Monsieur et Madame* Platz.

Im Allgemeinen gibt es kaum Hinweise auf das, was wir beide gerade an Chaos oder Ordnung produzieren, wenn wir unter dieser Formel zusammen auftreten.

*Monsieur et Madame* schützt uns, es bildet einen dichten Panzer für unsere Ausschweifungen.

Mit der Zeit haben mein Mann und ich eine zunehmende Fähigkeit zur Veränderung entwickelt.

Dabei geht es nicht nur um sich verändernde Gesichtszüge, die Figur, Haarfarbe oder Hautoberfläche, sondern um die unendliche Palette unserer Möglichkeiten: Auf welche unterschiedlichen Arten wir uns gemeinsam in unserer Wohnung aufhalten oder jeder für sich allein, wie wir uns an- oder ausziehen, in welchem Bewegungsablauf und mit welchem Kraftaufwand wir mit einem so alltäglichen Gegenstand wie einer Tür umgehen; das Gefühl der Überraschung über einen Satz oder eine noch nie da gewesene Geste; eine neue Art und Weise, uns an den Morgen oder Abend anzupassen, an den Tag oder die Nacht.

Viele andere Dinge wiederum ändern sich überhaupt nicht.

Aber wenn ich versuche, eine Liste zu machen, fällt mir nichts ein. Schon unser Verdauungsrhythmus, den ich ein für alle Mal für gefestigt hielt, wirft uns manchmal ohne Erklärung aus der Bahn.

Mein Mann und ich sind bereits beide zu Opfern der Globalisierung geworden: Er schenkte mir wundersame Blumen in zarten Farben, die welk wurden, bevor sie überhaupt aufblühten; ich ihm ein attraktives Hemd aus leicht glänzendem Stoff, der sich laut Etikett *Made in China* als Gemisch aus Baumwolle und einer neuen petrochemischen Faser entpuppte, auf die er allergisch reagierte!

Dass sich der allgemeine Zustand unserer Umwelt so verschlechtert, stürzt uns manchmal in gefährliche Fassungslosigkeit. Mein Mann kann sich in der Regel als Erster wieder davon befreien.

Und wie lange werden mein Mann und ich der zunehmenden und breit gefächerten Auswahl noch mühelos widerstehen, den Websites, die Löwinnen oder Göttinnen oder Kerle auf allen vieren oder zum Adoptieren anbieten, Supermärkte der Begegnungen mystischer, multipler oder minutengetakteter Art, Ausbruchsmöglichkeiten nach allen Seiten?

Wenn laut neuesten Studien die Eheschließungen haltbarer sind, wenn man sich im Internet kennengelernt hat, müsste man in unserem Fall dann noch mal von vorn anfangen?

Wären mein Mann und ich uns auch im Internet begegnet?

Zu Fuß, zu Pferde, mit dem Auto: Wie schaffen wir es, uns ständig neu anzupassen?

Was, wenn sich, wie so oft, mein virtuell gewordener Ehemann in der Wirklichkeit als der Mann einer anderen entpuppt hätte? Oder wenn sich mein Ehemann in der Wirklichkeit anschickte, virtuell der Mann vieler anderer zu werden?

Ist das vielleicht eine ernst zu nehmende Bedrohung?

Vielleicht müssen mein Mann und ich mit diesen ganzen neuen Möglichkeiten rechnen?

Auf lexikalischer Ebene gehen mein Mann und ich, indem wir *verheiratet* sind, ein doppeltes Risiko ein.

Es kann nämlich passieren, dass wir zu *Geschiedenen* werden: *Getrennt* voneinander kann man sich dann *verabschieden*!

Knappe Bezeichnung für einen manchmal gnadenlosen Kampf, am *Scheide*weg angekommen ent*scheidet* man, in *verschiedene* Richtungen zu gehen, wir sind geschiedene Leute!, und das war's dann.

Außerdem kann es passieren, dass wir *Witwer* werden (mein Mann), was mich an den konfliktscheuen, duckmäuserischen und feigen Vater von Aschenputtel erinnert, oder *Witwe* (ich), deren schwarze Namensvetterin, die ihren Ehegatten nach der Paarung auffrisst, auch nicht sympathischer ist.

Plötzlich ertappe ich mich dabei, dass ich mir wünsche, meine Mutter nähme mich verständnisvoll in den Arm, und finde mich in den Armen meines Mannes wieder.

Auf der ganzen Welt ist mein Mann der Mensch, mit dem ich am meisten biologische Funktionen teile, und trotzdem werde ich nie wissen, was er empfindet, wenn er zum Beispiel Zahnweh hat, trotz dieses stoischen Gesichts, das er dabei macht.

(Auch wenn er auf der ganzen Welt der Mensch ist, den ich am häufigsten berühre, kann ich trotzdem sein Gefühl nicht mit meinem gleichsetzen, wenn er mit seiner Haut oder seinen Schleimhäuten meine Haut oder meine Schleimhäute berührt.)

Mein Mann und ich schlafen seit so langer Zeit in einem Bett, dass wir inzwischen die meisten Nächte gemeinsam verbracht haben.

Wenn das so weitergeht, wachen wir eines Morgens auf und haben mehr Nächte gemeinsam verbracht als getrennt voneinander, es ist nur eine Frage der Arithmetik.

Ändert sich dadurch etwas an unserem Weltbild?

(Genauso verhält es sich mit der Tatsache, dass es eines Tages mehr Stoff gemeinsamer Erinnerungen geben wird als Stoff individueller Erinnerungen.)

An einigen ganz bestimmten Tagen unseres Lebens haben mein Mann und ich unsere Kinder zur Welt gebracht.

Wir waren bereits Mann und Frau, und die Kinder haben uns zu Vater und Mutter gemacht.

Trotzdem habe ich weiterhin *mein Mann* gesagt und nicht *der Vater meiner Kinder.*

(Wenn jemand meinen Mann scherzend als den *Vater deiner Kinder* bezeichnet, nimmt er sogleich eine frei im Raum schwebende, fast heroische Dimension an.)

Unsere Kinder bilden in unserem Leben ein sich ausdehnendes Universum, um das es hier aber nicht gehen soll, wir sind ja nicht miteinander verheiratet.

Trotzdem werden mein Mann und ich mit unseren Kindern zusammen zu etwas anderem, noch nachdem wir zu Mann und Frau und zu Vater und Mutter geworden sind: eine Familie (siehe *Familienstammbuch*).

Kehrt man das Ganze um, sind wir zwar nach diesem klassischen Modell immer noch Vater und Mutter, aber nicht zwangsläufig Mann und Frau. Wozu sind wir also nütze, mein Mann und ich?

Im Bewusstsein unserer Verantwortung schmieden mein Mann und ich uns Weisheiten.

*Wir kennen unsere eigenen Kinder nicht!*, von wem kam dieser Ausruf zuerst? Mit einer gewissen Überzeugung sagen wir das abwechselnd einer zum anderen.

Oder auch: Man wird nicht als Eltern geboren, man wird dazu gemacht, entsprechend unserer Laune von einem geseufzten *Wenn man Glück hat* begleitet.

Kann diese scheinbare Klarsicht unsere Irrtümer ausgleichen?

Ohne viel darüber zu reden, tragen mein Mann und ich unsere Kinder zu gleichen Anteilen in uns und Sorge für sie, diese verwunderliche, uns beiden gemeinsame Alterität; jeder auf seine eigene Art, immerfort und für immer und ewig.

Dass man von meinem Mann als von meinem Ehepartner spricht, obwohl es um dieselbe Person geht, begeistert mich angesichts unserer substanziellen Erfahrungen wenig.

In welchen Zusammenhängen taucht der Ehepartner in unserem Leben auf?

Mir fallen Papiere ein, bei denen die Unterschrift des *Ehepartners* verlangt wurde, und das Kürzel meines Mannes in mir plötzlich ein frohes Gefühl über die vertraute Handschrift hervorrief und den *Ehepartner* aus seiner bürokratischen Ödnis rettete.

Was mich angeht, scheint mir, es hätte mich noch nie jemand nur als *Ehepartnerin* bezeichnet.

In unserer zum Glück weniger paternalistischen Gesellschaft folgen mein Mann und ich dem matrimonialen Prinzip.

Unter dem Vorzeichen der Gütertrennung miteinander verheiratet, haben wir, ohne es zu wissen, zur Gemeinschaft beigetragen, nämlich mit der Summe unserer Lebensalter sowie mit unseren Befürchtungen, Komplexen, Ängsten, Hoffnungen, Sehnsüchten, Träumen und Sorgen, die zwar vergraben sind, in der Ausübung unserer Funktionen aber immer wieder erneuert werden.

Das könnte gewisse Entgleisungen erklären: ein Drama, das sich aus einer bestimmten Art und Weise entwickelt, wie einer den Käse anschneidet, sich setzt oder eine Augenbraue hochzieht.

Genauso verkünden wir einander manchmal, dass wir uns nicht mehr verstünden, wenn unser Dialog unter dem Druck unseres inneren Tohuwabohus zusammenbricht.

(In anderen Momenten wiederum sind einzig und allein mein Mann oder ich in der Lage, den jeweils anderen aus seiner immer gleichen destruktiven alten Leier zu reißen.)

Kann es sein, dass die Gefühle unter dem Prinzip der *Errungenschaftsgemeinschaft* verkümmern, aber unter dem der *allgemeinen Gütergemeinschaft* aufblühen?

Man kann nie wissen.

(Warum mir der Begriff *Errungenschaftsgemeinschaft* so schäbig vorkommt und warum es mir so schwerfällt, ihn ernst zu nehmen, weiß ich auch nicht.)

Alles, was diese kleine Gemeinschaft angeht, in konkreten oder abstrakten Zusammenhängen, guten oder schlechten Zeiten, wird durch ein Präfix klassifiziert: Ehebund und Ehescheidung, Eheprobleme und Eheglück, Eheschein und Ehehafen, Ehefähigkeit und Ehemüdigkeit, Eheberater/-in und Ehebrecher/-in …

Andersherum sieht es dürftiger aus: Scheinehe, Vernunftehe, Zweckehe. Bilderbuchehe.

Oder adjektivisch verwendet: der eheliche Bund und das eheliche Band.

Würde in nächster Umgebung unserer kleinen Gemeinschaft ein Fremder oder eine Fremde auftauchen, falls einer von uns sich irgendwann dazu verleiten ließe, würde aus dem ehelich ein *außer*ehelich, aber kein *außer-* wie bei *außerordentlich,* was bedeuten würde, hundertmal besser als ehelich, sondern wie bei außerhalb, wodurch der, der eigentlich drinnen geblieben ist, zum Außenstehenden gemacht wird.

Eine außereheliche Beziehung können mein Mann und ich nicht gemeinsam führen, außer als Trio, und was hieße das für den Ehestand? Aber sehr wohl getrennt voneinander (wenn möglich jeder mit einer anderen Person).

Das Ehebett nimmt seine Geheimnisse mit ins Grab.

Eine kühne Stele auf dem Friedhof Montparnasse vom Anfang des 20. Jahrhunderts stellt ein großes Ehebett dar, in Stein gehauene Falten einer Daunendecke und darunter die beiden miteinander diskutierenden (oder sich zankenden?) Verstorbenen als Paar. Ich glaube, sie tragen Nachthemden und Schlafhauben, als wären sie lebendig.

Alle Gegenstände, Gefühle oder Empfindungen, die man im Ehestand erstanden oder durchgestanden hat, sind konkrete oder abstrakte Bestandteile eines größeren Ganzen: der *Ehegemeinschaft*, die alles in die Lüfte zu heben scheint, ein Gewirr aus Armen und Beinen, hinein in Raum und Zeit.

Nimmt man bei *mari*, dem französischen Wort für Ehemann, das R weg, wird er leicht zu einem *ami*: einem Freund.

Hörte ich früher jemanden sagen *Mein Mann ist mein bester Freund*, schrillten bei mir die Alarmglocken. Aber worin bestünde denn nun der Unterschied zwischen meiner besten Freundin und meinem Mann-und-besten-Freund?

Meine beste Freundin ist immer da. Wie der Dachboden eines alten Hauses: ein seltenes Gefühl von Vertrautheit, das schon lange da ist und kaum erneuert werden muss. An anderer Stelle, zwischen meinem Mann und mir nämlich, ist langsam eine neue Verbundenheit gewachsen, und der Großteil dieser Vertraulichkeit scheint dem Geheimnis verpflichtet.

Wären mein Mann und ich Karten in einem Schwarzer-Peter-Spiel und würden uns mit einem Dutzend anderer zusammenzusetzender Paare in einem Stapel befinden, würde ein Außenstehender uns zwangsläufig einander zuordnen?

Und würde der Spieler meinen Mann und mich nicht zusammenbringen, sondern stattdessen einem unerwarteten Partner zuordnen, würde dann die Tatsache der Unvollständigkeit dieses beunruhigende Schwindelgefühl in uns hervorrufen, das plötzlich alles ins Wanken bringen kann?

Wären mein Mann und ich zwei ganz andere Menschen geworden, als wir heute sind, wenn wir nicht immer noch verheiratet wären?

Wie und wer wäre ich geworden?
Und er?

Hätten unsere Körper zum Beispiel oder unsere Art zu denken andere Formen angenommen?
Wonach würden wir aussehen?

Der Gedanke an die Unendlichkeit der Möglichkeiten zwingt mich zu seiltänzerischer Meisterschaft.

Es ist merkwürdig, sich zu sagen, dass mein Mann und ich teils mit, teils dank, teils wegen und teils trotz des anderen zu dem geworden sind, was wir sind.

Wir sind also beide die Summe dessen, was wir mit dem anderen, für ihn, gegen ihn und unabhängig von ihm sind, aber niemals ganz ohne ihn.

Was haben mein Mann und ich erwartet, als wir geheiratet haben?

Haben wir uns uns so vorgestellt, wie wir jetzt sind?
Ich weiß es nicht mehr, aber wahrscheinlich nicht.

Wir haben uns uns so ähnlich, aber auch ganz anders vorgestellt, als dieselben, die wir sind, aber eben anders, denn es war unmöglich vorherzusehen, was alles im Laufe unseres gemeinsamen Lebens passieren würde und wie.

Höre ich andere verheiratete Männer oder Frauen über jene Zeit sprechen, *als ich ihn oder sie geheiratet habe*, höre ich darin auch das Ungreifbare der Erwartungen und die Realität der vergangenen Leben mitschwingen, und ich ahne meinerseits, wie groß das Mysterium ist, in das mein Mann und ich eingetaucht sind, wie unmöglich es ist, sowohl das Ausmaß unserer Entwicklung als auch die zurückgelegte Strecke wertzuschätzen – außer anhand von sehr heterogenen Anhaltspunkten wie einer Haarfarbe, einer Geste in einem bestimmten Moment, den gemeinsamen Wohnungen, einer verschwundenen Schüchternheit, der Eröffnung eines gemeinsamen Kontos, einer enttäuschten Hoffnung oder einer, die sich dafür erfüllt hat, dem Befestigen eines Kindersitzes im Auto und all den Dingen, die wir angehäuft haben oder auch wieder losgeworden sind, im konkreten sowie im übertragenen Sinne.

Wenn ich plötzlich innehalte und mir *uns zwei* ansehe:

Stehen mein Mann und ich in dieser in tausend Stücke zersplitterten Welt nicht für eine vollkommen überholte Form von Spießertum?

Sind wir nicht obsolet geworden und zum Aussterben bestimmt, wird nicht alles Dauerhafte unaufhörlich von der Aktualität und dem permanenten Strom der Suchmaschinen fortgerissen?

(Und was soll dann aus unserer Wohnung werden?)

Schlussendlich: Wo, in was für einer Welt sind mein Mann und ich verheiratet, nach welchen Plänen und für wie viel Zeit?

Wenn ich an meinen Mann, also an mich, also an uns zwei denke, so gibt es im Rahmen unserer Ehe mitsamt seinem Vokabular und seinen Gesetzen keine geraden Winkel.

Alles ist viel unschärfer und wackeliger, enger oder lockerer gesteckt, zugespitzter oder loser übereinandergeworfen, enger zusammen oder weiter weg, alles quillt über oder verflüchtigt sich in Körper und Fleisch, Gefühlen und Gedanken, und nichts von diesem Wagnis, das diese beiden Einheiten, meinen Mann und mich, miteinander verbindet und verbunden hat, könnte festgehalten oder aufgeschrieben werden.

Übrigens: Außer an dieser Stelle sage ich sonst nie *mein Mann und ich.*

## Textnachweise

Seite 80
Paul Celan, *Die Niemandsrose,* in: Gesammelte Werke in fünf Bänden, Erster Band, Suhrkamp Verlag, Frankfurt am Main, 1986.

Seite 92
Fjodor Dostojewski, *Der ewige Ehemann.* In: Sämtliche Romane und Erzählungen Band 13 (Der Spieler, Späte Prosa). Deutsch von Werner Creutziger, Hartmut Herboth und Dieter Pommerenke, Aufbau-Verlag Berlin und Weimar, 1994, S. 569.

Seite 94
Madame de La Fayette, *Die Prinzessin von Clèves,* aus dem Französischen übersetzt von Eva und Gerhard Hess, Reclam, Stuttgart, 1983, S. 180.

Seite 98
Marcel Proust, *Auf der Suche nach der verlorenen Zeit 2, Im Schatten junger Mädchenblüte,* aus dem Französischen übersetzt von Eva Rechel-Mertens; revidiert von Luzius Keller und Sibylla Laemmel, Suhrkamp Verlag, Frankfurt am Main, 2004, S. 7.

Zu diesem Buch

Elisabeth Jacquet ist seit vielen Jahren glücklich mit ihrem Mann verheiratet. Das ist nichts Besonderes, denkt man, kein Grund, ein großes Bohei darum zu machen. Und dennoch fragt sie sich: Was macht es mit uns, wenn wir unser tägliches Leben mit einer anderen Person teilen? Wie verändert die Sichtweise des anderen unseren Blick auf die Welt? Und was macht einen Ehemann eigentlich aus? Ihre tiefsinnigen und mit feinem Humor formulierten Überlegungen lesen sich als Einladung, über die eigene Beziehung nachzudenken – ob allein oder zu zweit.

*Elisabeth Jacquet*, geboren 1963, hat als Drehbuchautorin, Werbetexterin und Lektorin gearbeitet, bevor sie begann, Romane zu schreiben. In ihren Texten beschäftigt sie sich u. a. mit verschiedenen Formen des Erzählens und fragt sich dabei stets, wie man die Menschen in unserer durchtechnologisierten Zeit zum Lesen bewegen kann. Sie lebt mit ihrem Mann in Paris.